여름 강진만 갈대밭에서

2025

여름 강진만 갈대밭에서

– 윤슬

김재석 시집

사의재

시인의 말

강진만에서 앞서 내가 건진 시집이
『갈대는 제 몸뚱일 흔들어』,
『백조의 호수 강진만에서』,
『그리운 강진만』
그리고 『백금포의 달』이다

앞서 건진 시집만으로 만족하지 못하고
여름 강진만 갈대밭에 대한 시가 주를 이룬
『여름 강진만 갈대밭』에서란
시집을 세상에 내던진다

1부는 여름 강진만, 2부는 겨울 강진만
3부는 가우도, 4부는 윤슬
5부는 다산팔경, 6부는 백운동12경 시들이 실려 있다

'시는 기쁨에서 시작하여 예지로 끝난다'는
로버트 프로스트의 말을 입증하는
시집이 되리라 믿는다

2025년 여름
일속산방一粟山房에서
작시치作詩痴 김재석

차례

여름 강진만 갈대밭에서

시인의 말

1부

여름 강진만에서 13
우기雨期, 여름 강진만 갈대밭에서 16
여름 강진만 갈대밭에서 18
여름 강진만 갈대밭에서 20
갈대와 윤슬 23
내가 뙤약볕에 여름 강진만 갈대밭을 찾는 이유를 24
여름 강진만 갈대밭에서 26
여름 강진만 갈대밭을 내가 독차지하다 28
여름 강진만 갈대밭에서 30
여름 강진만 갯벌에서 짱뚱어와 게들이 일광욕을 즐기다 32
여름 강진만 갈대밭이 나를 가지고 놀다 34
여름 강진만 갈대밭에서 36
여름 강진만 갈대밭에서 38
비 내리는 강진만이 나를 불러내다 41
여름 강진만 갈대밭에서 44
여름 강진만 갈대밭에서 46

2부

강진만과 나 51
강진만 겨울 갈대밭에서 52
백조의 호수 강진만에서 54
지금 내가 강진만 갯벌을 지켜보며 서 있는 이유는 58
묵은 갈대 60
겨울 강진만에서 62
白金浦港修簿記念碑가 살아남다 64

3부

가우도에 대한 몽상 69
가우도를 편애한다는 말을 들을 것 같은데 70
가우도를 안다는 말을 들으려면 72
가우도 바닷가에서 만난 어떤 돌멩이도 74
가우도가 꿩독바위를 소개하지 않는 이유를 75
강진만 밤하늘을 접수한 달을 보면 76
두물머리와 구강포 그리고 다산 78
가우도 낚시공원에서 80

4부

윤슬 85
윤슬 86

윤슬 87

윤슬 88

윤슬 89

윤슬 90

윤슬 92

윤슬 94

윤슬 95

윤슬 96

윤슬 98

윤슬 100

윤슬 101

윤슬 102

윤슬 104

5부

서시 107

불장소도拂墻小桃 108

박렴비서撲簾飛絮 109

난일문치暖日聞雉 110

세우사어細雨飼魚 112

풍전금석楓纏錦石 113

국조방지菊照芳池 114

일오죽취一塢竹翠 115

만학송도萬壑松濤 116

6부

서시 119
옥판상기玉版爽氣 121
유차성음油茶成陰 123
백매암향百梅暗香 125
풍리홍폭楓裏紅瀑 126
곡수유상曲水流觴 128
창벽염주蒼壁染朱 130
유강홍린蕤岡紅鱗 132
화계모란花階牡丹 134
십홀선방十笏禪房 136
홍라보장紅羅步障 138
선대봉출仙臺峯出 140
운당천운篔簹穿雲 142

1부

여름 강진만에서

가우도를
죽섬을
비래도를
까막섬을
강진만이 낳았다

가우도를
죽섬을
비래도를
까막섬을
강진만이 낳았으면
애비는 누구냐고
내 안의 누군가가 나에게 묻는다

내 안의 누군가는
곧잘 나에게 진지한 질문을 던져
나를 당황하게 한다

가우도,
죽섬,
비래도,

까막섬의 애비는 누구일까

가우도,
죽섬,
비래도,
까막섬이 서로 닮은 데가
한군데도 없는 걸로 봐서
애비가 다 다른 것 같다

애비가 다 달라도
강진만이 부끄러울 게 하나도 없는 건
바다는
부계사회 아닌 모계사회여서다

가우도,
죽섬,
비래도,
까막섬의 애비는
다들 어디에서 무얼하고 계실까

내 안의 누군가가 나에게

말장난 아닌
진지한 질문을 던지는 바람에
오늘 나의 상상력이 날개를 달았다

가우도를
죽섬을
비래도를
까막섬을
강진만이 낳았다

우기雨期, 여름 강진만 갈대밭에서

묵은 갈대들이
눕고 싶어도 눕지 않은 이유가
어린 갈대들에게 삶의 지혜를
가르치는 거라고
피상적으로 알고 있었는데
이제 구체적으로 알게 되었다

묵은 갈대들이
우기에도 눕지 않고 버티고 있는 건
어린 갈대들에게
비바람에 대처하는 법을
전수해 주기 위해서다

꼿꼿하게 버티었다간 부러지기 십상이니
바람에 몸을 맡겨
누웠다 일어섰다를 반복하여 살아남는 법을
묵은 갈대들이
어린 갈대들에게 가르치는데
한 번 실습하는 게
백 번 말로 들려주는 것보다 낫다는 걸
입증하고 있다

바람에 몸을 맡겨
누웠다 일어섰다를 반복하여 살아남는 게
지혜로운 거지
비굴한 게 아니라는 걸
묵은 갈대들이
어린 갈대들의 머리에 심어주고 있다

어린 갈대들의 머릿속에 쏙쏙 들어가게
묵은 갈대들이 어린 갈대들과 함께
누웠다 일어섰다를 되풀이하는데
일사분란, 일사분란을 가까이하는
갈대밭이
대장관이다

묵은 갈대들이
눕고 싶어도 눕지 않은 이유가
어린 갈대들에게 삶의 지혜를
가르치는 거라고
피상적으로 알고 있었는데
구체적으로 알게 되었다,
이제

여름 강진만 갈대밭에서

묵은 갈대들이 어린 갈대들에게 가르쳐야 할 게
한두 가지가 아닌데
그중 제일이라 해도 과언이 아닌 건
묵은 갈대들이 어린 갈대들에게
제 몸뚱일 흔들어 바람을 만들어
어딘가를 다녀오게 하는 것이다

묵은 갈대들이 어린 갈대들에게
바람에 몸을 맡겨
누웠다 일어섰다하며
비바람에 대처하는 법을
가르치는 것만치나 중요하다고 해야 하나,
가르치는 것보다 더 중요하다고 해야 하나

바람에 몸을 맡겨
누웠다 일어섰다 하며
비바람에 대처하는 건
갈대들 아닌 억새들은 물론
수목들에게 기본이지만
제 몸뚱일 흔들어 바람을 만드는 건
아무에게나 가능한 게 아니다

제 몸뚱일 흔들어 바람을 만드는 건
아무에게나 가능한 게 아닐 뿐만 아니라
갯벌에 붙들린 갈대들의 생이
지루하지 않도록 하는 데
크게 기여할 것이다

묵은 갈대들과 어린 갈대들이
제 몸뚱일 흔들어 바람을 만들어
함께 어딘가에 다녀오는 걸
봐라 봐!

묵은 갈대들이 어린 갈대들에게 가르쳐야 할 게
한두 가지가 아닌데
그중 으뜸이라 해도 과언이 아닌 건
묵은 갈대들이 어린 갈대들에게
제 몸뚱일 흔들어 바람을 만들어
어딘가를 다녀오게 하는 것이다

여름 강진만 갈대밭에서

묵은 갈대들과
어린 갈대들의
갈대밭 인수인계가 순조롭게 이뤄지고 있다

어린 갈대들이
묵은 갈대들의 말을 잘 듣지 않고
고집을 부리거나
말귀를 못 알아먹으면
인수인계가 순조롭지 않을 텐데
고분고분 말을 잘 듣고
말귀를 잘 알아먹기에
인수인계가 순조롭게 이뤄지고 있는 것이다

묵은 갈대들이
어린 갈대들에게
인수인계할 게 한두 가지가 아닐 뿐만 아니라
이론에 그치지 않고
실습도 해야 하기에
서두르지 않고
아주 꼼꼼하게 인수인계를 하고 있는 것이다

묵은 갈대들은
어린 갈대들에게서
자신들의 옛모습을 보고
어린 갈대들은
묵은 갈대들에게서
먼 훗날의 자신들의 모습을 미리 보고 있다

묵은 갈대들의 지나간 미래는
어린 갈대들이고
어린 갈대들의 다가온 과거는
묵은 갈대들이란 걸
묵은 갈대들과
어린 갈대들이 생각해 본 적이 있는지
궁금하다

어린 갈대들은
묵은 갈대들에게 예를 다하고
묵은 갈대들은
어린 갈대들에게 사랑을 베푸는
갈대밭을
어깨를 들썩이며

하루에 두 차례 갈대밭을 다녀가는 바다가
힘을 실어준다

묵은 갈대들과
어린 갈대들의
갈대밭 인수인계가 순조롭게 이뤄지고 있다,
누가 봐도

갈대와 윤슬

백조와 청둥오리를 비롯한
겨울 철새로 도배한
겨울 강진만 아닌 여름 강진만에서
딱 하나만 꼽으라면
뭘 꼽지

바람에 누웠다가 다시 일어나는
아니
제 몸뚱일 흔들어 바람을 만드는
푸른 제복을 입은 갈대들을
꼽아야 하나

기러기 떼가 강진만 하늘을 순찰하는
백조가 비상하는
겨울 강진만 아닌 여름 강진만에서
딱 하나만 꼽으라면
뭘 꼽지

먼 걸음을 한 햇빛이
물결과 의기투합하여 보석을 낳은
보석밭인
금빛바다를 꼽아야 하나

내가 뙤약볕에 여름 강진만 갈대밭을 찾는 이유를

내가 뙤약볕에
여름 강진만 갈대밭을 찾는 이유를
말할 수 있는 자는
누구인가

강진만 갈대밭산
비비새 울음소리를 만끽하기 위해서도
니체가 말하는
정오의 햇빛을 만끽하기 위해서도 아니다

어깨를 들썩이며
하루에 두 차례 갈대밭을 다녀가는 바다가
강진만 갈대들을 보살피다 가는 걸
지켜보기 위해서도 아니다

내가 눈발 속에
겨울 강진만 갈대밭을 찾는 이유와
내가 뙤약볕에
여름 강진만 갈대밭을 찾는 이유가
같을 리가 없다

묵은 갈대와 어린 갈대가
언제 인수인계를 끝내는가를
알기 위해서
뙤약볕에 강진만을 찾는 것이다

어린 갈대들의 키가
묵은 갈대들의 키만큼 커졌을 때
인수인계가 완전히 끝난다는 걸
마침내 알아냈다

묵은 갈대와 어린 갈대가
언제 인수인계를 끝내는가를
세상에 공포해야 하나,
하지 말아야 하나

내가 뙤약볕에
여름 강진만 갈대밭을 찾는 이유를
말할 수 있는 자는
누구인가

여름 강진만 갈대밭에서

여름이 깊어갈수록
묵은 갈대들은 여위어 가고
새 갈대들은 건장해진다

여위어 가는 묵은 갈대들을
새 갈대들이 정중히 모시는데
누가 시켜서인지
누가 시키지 않아도인지
궁금하다

'묵은 갈대들을 위한 강진만은 있다'는
말이 태어날 정도로
새 갈대들이 묵은 갈대들을
깎듯이 모시고 있다

내 생각과 달리
내 안의 누군가가 나에게
묵은 갈대들이
새 갈대들을 보호하기 위해
드러눕지 않고 버티고 있단다

새 갈대들을 못 믿은
묵은 갈대들이
새 갈대들이 자립할 수 있을 때까지
옆에서 지켜주고 있단다

앞으로
세파에 시달릴 갈대들에게
삶의 지혜를 전수해 주고 있단다

여름이 깊어갈수록
묵은 갈대들은 여위어 가고
새 갈대들은 튼튼해진다

여름 강진만 갈대밭을 내가 독차지하다

인수인계 중인
묵은 갈대들과 어린 갈대들마저
기진맥진한
여름 강진만 갈대밭을 내가 독차지하고 있다

나의 멘토 중의 멘토인
니체가 풀어먹은 정오의 햇빛 아래
여름 강진만 갈대밭을 쏘다니는 놈은
나밖에 없다

만개한 비비새 울음소리를 만끽하며
여름 강진만 갈대밭을 쏘다니는,
쏘다니는 나는
내가 봐도 제 정신이 아니다

독차지할 게 따로 있지
정오의 햇빛 아래
여름 강진만 갈대밭을 독차지한 나는
나도 모르는 무슨 속셈이 있나

묵은 갈대와 동병상련인 내가

쏘다니지 않으면
여름 강진만 갈대밭은
관객이 없는 극장이나 다름없다

먼 걸음을 한 길들 누구도
가까운 걸음을 한 길들 누구도
코빼기를 비치지 않는
여름 강진만 갈대밭을 내가 독차지하고 있다

여름 강진만 갈대밭에서

강진만 갈대밭을 독차지한 내가
묵은 갈대들과 새 갈대들이 인수인계하는 데
지장을 초래할 수도 있다는 생각이
나의 뇌리를 때린다

묵은 갈대들과 새 갈대들이
나만 없으면
나만 없으면 하고
자기들끼리 속엣말을 할 수도 있다

강진만 갈대밭을 독차지했다고
즐거운 비명을 지르는 내가
묵은 갈대들과 새 갈대들의 눈엣가시이자
애물단지일 수도 있다

내가 가까이하지 말아야 할 것 중의 하나가
결벽증, 결벽증인데
고희의 강을 건넌 뒤에도
결벽증을 가까이하다니

강진만 갈대밭이 나를 독차지하여

이보다 더 좋을 수가 없을 것이다는 생각에
사로잡힐 정도로 뻔뻔해야
살아남을 수 있는데……

강진만 갈대밭을 독차지한 내가
묵은 갈대들과 새 갈대들이 인수인계하는 데
방해가 될 수도 있다는 생각이
나의 뇌리를 때린다,
문득

여름 강진만 갯벌에서 짱뚱어와 게들이 일광욕을 즐기다

여름 강진만에서
묵은 갈대들과 새 갈대들이 인수인계 중인데
물이 나간 갯벌에서
짱뚱어와 게들이 일광욕을 즐기고 있다

지난겨울 강진만 갯벌을 접수한
백조와 청둥오리를 비롯한 철새들로부터
살아남은 짱뚱어와 게들일 수도 있고
그들의 후손일 수도 있다

백조와 청둥오리를 비롯한 철새들의 싹쓸이에도
짱뚱어와 게들이 살아남은 것인지
백조와 청둥오리를 비롯한 철새들이 오는 겨울을 위하여
남겨두고 떠난 건지 알 수 없다

백조와 청둥오리를 비롯한 철새들이 오는 겨울을 위하여
남겨두고 떠났다면
백조와 청둥오리를 비롯한 철새들이
절제, 절제를 멀리하지 않은 것이다

백조와 청둥오리를 비롯한 철새들 아닌

텃새들도
짱뚱어와 게들을 호시탐탐 노리기에
방심해서는 안 된다

동작 봐라,
동작 봐라가
옛날 군대에서만 통용되는 게 아니라
갯벌에서도 통용된다

좌우지간
짱뚱어와 게들이 살아남기 위해서는
쏜살같이
쏜살같이와 가까이 지내야 한다

여름 강진만에서
묵은 갈대들과 새 갈대들이 인수인계 중인데
물이 나간 갯벌에서
짱뚱어와 게들이 일광욕을 즐기고 있다

여름 강진만 갈대밭이 나를 가지고 놀다

내가
여름 강진만 갈대밭을 독차지했다는 생각은
내 생각일 뿐이고
여름 강진만 갈대밭이 나를 독차지하고 있다

한 수 더 떠
여름 강진만 갈대밭이 나를 독차지한 정도가 아니라
여름 강진만 갈대밭이 나를 가지고 놀고 있다

내가 재주 많은 손오공이라면
여름 강진만 갈대밭은 부처님 손바닥이다

햇빛과 물결이 의기투합하여 태어난
보석에 내가 눈이 먼 것도
보석을 내가 눈에 담는 것도
여름 강진만 갈대밭이 다 지켜보았다

두 마디 아닌 한 마디로 말하면
여름 강진만 갈대밭에게 내가
속을 다 보인 것이다

내 속을 다 들여다본
여름 강진만 갈대밭이 나를 알기를
우습게 알까 무섭다

멀리서 지켜보고 있는
우두봉이
금사봉이
여름 강진만 갈대밭이 나를 가지고 노는 걸
나에게 귀띔해 주었더라면
가볍게 놀지 않았을 텐데

여름 강진만 갈대밭이 나를 가지고 노는 걸 뒤늦게 알았지만
여전히 모른 척해야겠다

여름 강진만 갈대밭에서

처음엔
묵은 갈대들이 새 갈대들에게
삶의 지혜를 가르치기 시작한 지가
언젠데 아직도 끝내지 않나 생각했지만
지금은 다르다

삶의 지혜를 가르치는 중에
실습을 해야 할 경우가 있는데
우기에 비바람이 치면
대처하는 법을 몸소 가르쳐야 하기에
묵은 갈대들이 아직도 드러눕지 않고 있는 것이다

묵은 갈대들이 새 갈대들에게
눈앞에 보이는 것만
눈앞에 일어난 일만 대처하는 법을 가르치는 게 아니라
눈앞에 보이지 않는 것도
앞으로 일어날 일에 대해서도 가르칠 것이다

지금 묵은 갈대들이 새 갈대들이었을 때
묵은 갈대들이 자신들에게 삶의 지혜를 가르쳐 주었듯이
지금 묵은 갈대들인 자신들이

새 갈대들에게 삶의 지혜를 가르쳐 주고 있는 것이다

새 갈대들이 나이 들어 찾아올
백조 청둥오리를 비롯한 겨울 철새들을
어떻게 맞이하고
어떻게 대접하여 보내야 하는 것도
반드시 가르칠 것이다

새 갈대들에게 삶의 지혜를 다 가르친 뒤에
드러누워
새 갈대들에게 양식이 되어줄
묵은 갈대들은
사라질 뿐 죽지 않는다

처음엔
묵은 갈대들이 새 갈대들에게
삶의 지혜를 가르치기 시작한 지가
언젠데 아직도 끝내지 않나 생각했지만
지금은 다르다

여름 강진만 갈대밭에서

묵은 갈대들이
새 갈대들에게
모든 걸 다 가르치는 건 아니다

묵은 갈대들이
새 갈대들에게 가르치지 않아도
새 갈대들이 저절로 습득하는 게
한두 가지가 아니다

밤새 강진만을 접수하여
새 갈대들을 당황케 한
안개를 물리치는 데
금사봉 근처에서 얼굴 내미는
아침 해와 새들의 울음소리가 기여하는 걸
묵은 갈대들이 알려 주지 않아도
그냥 알게 되었다

하루에 두 차례 어깨를 들썩이며
오르락내리락하는 바다를
맞이하고
배웅하는 것도

묵은 갈대들이 새 갈대들에게
가르친 적이 없다

두 팔 벌려 맞이한다고 해서
바다가 더 오래 머무르는 것도 아니고
등 떠민다고 해서
바다가 서둘러 돌아가는 것도 아니고
바다가 하루에 두 차례 어김없이 찾아왔다가
어김없이 돌아가는 걸
묵은 갈대들이 새 갈대들에게
가르치지 않아도 저절로 알게 되었다

심지어
빛이 바랠 대로 바랜 옷을 입은
묵은 갈대들도 한때
자기들처럼 푸른 제복을 입었다는 것과
자기들의 푸른 제복도 언젠가
묵은 갈대들의 복장처럼 될 거라는 걸 알고
깨달은 게 한두 가지가 아니다

묵은 갈대들이 하나를 가르치면

열을 깨우치기도 하는
새 갈대들에게
묵은 갈대들이
모든 걸 다 가르치는 건 아니다

비 내리는 강진만이 나를 불러내다

비 내리는 강진만이 나를 불러낸 데는
뭔가 이유가 있을 것이다

아무런 생각 없이
비 내리는 강진만이 나를 불러냈을 리가 없다

그것도
바다가 배가 꺼졌을 때가 아니라
바다가 배가 부를 때에
나를 불러낸 것은
뭔가 이유가 있는 게 분명하다

비 내리는 강진만이 나를 불러낸다 하여
무턱대고 응할 내가 아니지만
내가 응한 것은
묵은 갈대들과 새 갈대들이 이제는
인수인계를 끝낼 때가 되었다고 생각해서다

비 내리는 강진만을 찾은 나의 관심사는
묵은 갈대들과 새 갈대들이 인수인계를
어디까지 했느냐인데

묵은 갈대들과 새 갈대들이
이미 인수인계를 끝낸 것 같다

묵은 갈대들이 드러누워야만
인수인계가 끝난 것으로 이제까지 생각했는데
비 내리는 강진만이 나를 불러낸
오늘 나의 생각이 달라졌다

비 내리는 강진만이 나를 불러낸 이유가 바로
나로 하여금
뭔가를 깨우치게 하기 위해서인데
그게 뭔가 하면
묵은 갈대들이 드러누워야만
인수인계가 끝나는 게 아니라는 것이다

인수인계가 끝난 뒤에도
묵은 갈대들은 바로 드러눕지 않고
그냥 그 자리에 서서
새 갈대들에게 자신들의 죽음을
누구에게도 알리지 말라고 당부하고
새 갈대들도 모르게 서서히 생을 마치는 것 같다

그냥 그 자리에서 서서히 생을 마치는
묵은 갈대들은
생을 마친 뒤에
그냥 그 자리에 서 있다가
서서히 드러누울 것이다

비 내리는 강진만이 나를
무턱대고 불러낸 게 아니라
나의 관심사가
묵은 갈대들과 새 갈대들이 인수인계를
언제 끝내는가인 걸 알고
나로 하여금 뭔가를 깨우치게 하기 위하여
불러낸 것이다

여름 강진만 갈대밭에서

불혹의 강을 건너는 중에 만난
강진만 갈대밭이
나에게 뭘 안겨줬더라

지명의 강을 건너는 중에 만난
강진만 갈대밭이
나에게 뭘 안겨줬더라

이순의 강을 건너는 중에 만난
강진만 갈대밭이
나에게 뭘 안겨줬더라

고희의 강을 건너는 중에 만난
강진만 갈대밭이
나에게 뭘 안겨줬더라

불혹의 강에서 고희의 강에 이르기까지
모든 강을 건너는 중에
강진만 갈대밭이 나에게 안겨준 건
무용하기에 유용한 시인 것을……

고희의 강을 건넌 뒤에 만난
강진만 갈대밭은
나에게 뭘 안겨줄까

여름 강진만 갈대밭에서

뻐꾹새도
머지않아 돌아갈 칠월인데
아직도
묵은 갈대들과 새 갈대들의 인수인계가 끝내지 않았다

묵은 갈대들과 새 갈대들에게 전수해 줄 게 많다는 건데
지금은
더위를 이기는,
더위를 이기는 방법을 가르치고 있다

묵은 갈대들과 새 갈대들이 말로만 뭘 전수해 준다면
인수인계, 인수인계가 진즉 끝났을 텐데
그렇지 못한 건
실습을 해야 하기 때문이다

눈 내리는 겨울을 이기는 방법은
묵은 갈대들과 새 갈대들이 실습을 할 수 없어도
묵은 갈대들이 새 갈대들에게 말로 전수해 주지 않아도
갈대들의 몸 속에 겨울에 대처하는 유전자가 내재돼 있어
일없다

새 갈대들의 키가 묵은 갈대들의 키와 같아지거나
묵은 갈대들이 쇠약해질 대로 쇠약해져
더 이상 힘을 못 쓸 때 비로소
인수인계가 끝날 것 같다

뻐꾹새도
머지않아 돌아갈 칠월인데
아직도
묵은 갈대들과 새 갈대들의 인수인계가 끝내지 않았다

2부

강진만과 나

내가 강진만에
빠졌다고 해서
내가 강진만을 다 아는 건 아니다

내가 아는
강진만은
수박 겉핥기에 불과하다

내 오른쪽 가슴뼈 아래가
뭔가 이상이 있는 걸
강진만은 물론 이웃들이 모르듯이
강진만이 어디가 아프고 쓰린지
나는 모른다

내가 강진만과
희로애락을 함께한다고 하지만
동거 중이라면 몰라도
그건 말일 뿐이다

내가 강진만에
꽂혔다고 해서
내가 강진만을 다 아는 건 아니다

겨울 강진만 갈대밭에서
- 눈 오는 날

지금 내리는 저 눈발이
강진만을 살얼음으로 도배하리라고
생각이나 하겠는가,
누가

비 오는 날보다
강진만이 덜 소란스러운 건
내리는 눈발이
철새들의 눈앞을 어지럽게 하여서다

내리는 눈발에
갯벌의 뭇 생명들이
얼굴 내밀 생각을 하지 않으니
철새들도
앞날이 캄캄할 수밖에

강물이
갯벌이
갈대밭이
막무가내 투신하는 눈발에
굴복은 아니어도

잠시나마 덜미 잡힐 게 틀림없다

밤을 지새우고 나면
눈을 뒤집어쓴 갈대를 제외하고
강물이
갯벌이
살얼음으로 도배될 것이다

지금 내리는 저 눈발이
강진만을 살얼음으로 도배하리라고
누가
생각이나 하겠는가

백조의 호수 강진만에서

기러기 떼가 하늘에서 왔다갔다 따로 노는
물이 든
강진만에서
누군가가 하늘에 그물을 던진다

허공에 그물을 던졌다가
잡아다녔다가
다시 그물을 놓아주었다가
다시 잡아다녔다가를
몇 차례 반복한 뒤 그물을 거둬들인다

누구일까,
진을 친 백조가
청둥오리 떼와 함께 사라진 자리에
왜가리와 백로가 외로움을 만끽하고 있는데
허공에 그물을 던졌다가
잡아다녔다가
다시 그물을 놓아주었다가
다시 잡아다녔다가를
몇 차례 반복한 뒤 그물을 거둬들이는 이는

누구일까,
그물을 거둬들이는 이는 하늘에 있지 않고
바다에 있는 것을
바다에 있는 것이 아니라
바로 바다가
그물을 던지고
그물을 거둬들이는 게 분명하다

그물코, 그물코가 가창오리로 이루어진 그물도 있고
그물코, 그물코가 도요새로 이루어진 그물도 있는데
너무 멀어
그물코가 뭐로 이루어졌는지
구분하기 힘든
바다가 던진 저 그물은
그물크, 그물코가 뭐일까

별들이 전혀 얼굴 내밀지 않은 지금은
바다가 별들을 포획하기 위해
그물을 던진 것도 아닌데
바다는 뭘 포획하려고
허공에 그물을 던졌다가

잡아다녔다가
다시 그물을 놓아주었다가
다시 잡아다녔다가를
몇 차례 반복한 뒤 그물을 거둬들이는가

그물코, 그물코가 백조인 그물을
바다가 던지지 않는 건
그물의 구멍이 너무 커 다 빠져나가기 때문이다

그물의 구멍이 너무 작으면
힘이 장사인 바다도
그물을 잡아다닐 수가 없고
그물의 구멍이 너무 크면
다 빠져나가
헛그물질만 하게 되니
그물의 구멍이 너무 작지도
너무 크지도 않은
그물코가 가창오리인 그물이
그물코가 도요새인 그물이 적격이다

기러기 떼가 하늘에서 왔다갔다 따로 노는

물이 든
강진만에서
힘이 장사인
바다가 하늘에 그물을 던진다

지금 내가 강진만 갯벌을 지켜보며 서 있는 이유는

지금 내가 강진만 갯벌을 지켜보며 서 있는 이유는
지난겨울 철새들에 의해
초토화된 갯벌에
살아남은 생명이 얼마나 있나 보기 위해서다

백조, 청둥오리, 흰죽지, 쥐오리를 비롯한
왜가리, 백로가 쓸고 간 갯벌에서
살아남을 확률은
전무라 해도 과언이 아닌데
햇빛이 가만두지 않는
갯벌에서 생명들이 꿈틀거리고 있다

갯벌의 구멍을 드나들며
일광욕을 즐기는
짱뚱어, 짱뚱어를 지켜보는
내 눈시울이 뜨거워진다

생애 내내
살아남으려고
맘에 없는 말로 세상을 대하는 내가
지난겨울 철새들에 의해

초토화된 갯벌에서 살아남은
짱뚱어에게 연민을 느낄 수밖에……

지금 내가 강진만 갯벌을 지켜보며 서 있는 이유는
지난겨울 철새들에 의해
초토화된 갯벌에
살아남은 생명이 얼마나 있나 보기 위해서다

묵은 갈대
  - 겨울 강진만에서

갈대라고 해서
추억을 되새김질하지 말라는
법이 어디에 있는가

푸른 제복을 입은 갈대가
비비새 울음소리에
가는 귀가 먹을 정도로
비비새와
가까이 지낸 것으로 알고 있는데
비비새가 떠난 뒤에
갈대들의 머릿속에
비비새가 똬리 틀지
뭐가 똬리 틀겠는가

여름날
우리들의 가슴을 놀라게 하는
천둥, 번개가
제 몸뚱일 흔들어 바람을 만드는
갈대와
무관하지 않다는 걸 아는 이는
몇이나 될까

하루에 두 차례 오르락내리락하는
바다가 애지중지하는
갈대의
푸른 제복이
저렇게 퇴색할 줄이야

갈대라고 해서
추억을 되새김질하지 말라는
법이 어디에 있는가라는
나의 생각을
갈대들이 읽었을 리 만무하다

겨울 강진만에서

철새들의 낙원인
겨울 강진만이 되게 시끄럽다

누가
나서서
질서를 잡아야 하는데

누가
나서서
질서를 잡는데 이정도인지
좌우지간 되게 시끄럽다

시끄러워도
속으로만
시끄럽다고 생각할 뿐
누가 불만을 토하지 않으니
계속 시끄럽게 군다

자기들이
시끄럽게 구는지도 모르고
시끄럽게 구는 건

누구도
깨우쳐 주지 않기 때문이다

시끄럽게 굴어도
화음이 맞으면
그런대로 봐주는데
그야말로 불협화음이어
봐주기 힘들다

철새들의 낙원인
겨울 강진만이 되게 시끄럽다

白金浦港修築記念碑가 살아남다

全羅南道康津郡守全載億
同　　　同庶務主任文東鎬
同　　　道平議會員金忠植
同 康津郡警察署長長田武男
同 同　　前郡東面長金昌準
同 同　　現郡東面長車鍾彩

백금포의 지나간 미래인
석빙고를 찾은 나의 발목을 붙든 이가
白金浦港修築記念碑다

白金浦港修築記念碑와 동고동락하던
다른 비들은
무슨 사연인지
어느 날 문득 사라지고
白金浦港修築記念碑만 살아남았다

잘못하다간
白金浦港修築記念碑도
어느 날 문득 사라질 수 있기에
白金浦港修築記念碑를 지키는

지킴이가 필요하다

석빙고가 외롭지 않은 건
白金浦港修簿記念碑와
서로 눈빛을 주고받기 때문이다

白金浦港修簿記念碑가 가슴에 새긴 이름 중에
내가 아는 이름은
金忠植과
車鍾彩다

석빙고는
근대문화유산인 게 분명한데
白金浦港修簿記念碑 역시
근대문화유산으로 봐야 하나

白金浦港修簿記念碑는
친일파,
친일파와 거리가 머나
친일파와 거리가 가깝나

백금포의 지나간 미래인
석빙고를 찾은 나의 발목을 붙든 이가
白金浦港修簿記念碑다

* 백금포항수부기념비白金浦港修簿記念碑

3부

가우도에 대한 몽상

1

누구는
물결에 떠내려가지 못하도록
양쪽에서 붙들어 매어 놓았다고 한다

누구는
첨벙첨벙 함부로 돌아다니지 못하도록
양쪽에서 붙들어 매어 놓았다고 한다

2

누구는 짝팔이라고 한다

누구는 짝날개라고 한다

가우도를 편애한다는 말을 들을 것 같은데

강진만이
가우도를 편애한다는 말을
들을 것 같은데
듣지 않는다

죽섬이
비래도가
까막섬이
강진만에게 따지지 않는 걸 보면
이상하다

가우도가
죽섬이
비래도가
까막섬이 따지지 않는 건
따져봤자
아무런 소용이 없다는 걸 알 정도로
다들 지혜로워서는 아닐 것이다

맏형인
가우도가 잘나가면

죽섬이
비래도가
까막섬이 잘나가는 거나 다름없기에
따지지 않을 확률이 더 많다

강진만이 낳은
가우도,
죽섬,
비래도,
까막섬의 우애는 두텁다

강진만이
가우도를 편애한다는 말을
들을 것 같은데
듣지 않는다

가우도를 안다는 말을 들으려면

가우도를 안다는 말을 들으려면
가우도와 망호가 의기투합하여 낳은
716미터 다산다리를 건너
가우도 함께海 길을
오른쪽으로 한 바퀴,
왼쪽으로 한 바퀴 돌아봐야 한다

무턱대고 돌 게 아니라
돌면서
다산도 만나고
영랑도 만나야 한다

가우도를 안다는 말을 들으려면
가우도와 저두가 의기투합하여 낳은
438미터 청자 다리를 건너
가우도 함께海 길을
오른쪽으로 한 바퀴,
왼쪽으로 한 바퀴 돌아봐야 한다

무턱대고 돌 게 아니라
돌면서

다산도 만나고
영랑도 만나야 한다

가우도 바닷가에서 만난 어떤 돌멩이도

가우도 바닷가에서 만난
어떤 돌멩이도
나보다 연상이다

장유유서 하나만
잘 지켜도
세상은 잘 돌아간다

가우도 바닷가에서 만난
돌멩이들에게
예의를 지켜야 한다

내가 예의를 지키는데
돌멩이들이
나에게 무례하게 굴 리가 없다

가우도 바닷가에서 만난
어떤 돌멩이도
나보다 어른이다

가우도가 꿩독바위를 소개하지 않는 이유를

가우도가
경향각지 먼 걸음을 한 길들에게
두꺼비바위는 소개하면서
꿩독바위를 소개하지 않는 이유를
뒤늦게 알았다

꿩독바위를 소개했다간
경향각지 먼 걸음을 한 길들에게
꿩독바위가 시달려
금방 몸이 못 쓰게 될 것이기 때문이다

경향각지 먼 걸음을 한 길들에게
꿩독바위를 소개해
꿩독바위가 잘나가면
가우도가 잘나가리라는 생각은
나의 짧은 소견일 뿐이다

가우도 보물 중의 보물인
꿩독바위를 아끼는 마음에
누구에게도
꿩독바위를 소개할 마음이 없는 것이다

강진만 밤하늘을 접수한 달을 보면

강진만 밤하늘을 접수한 달을 보면
영랑의 시,
'황홀한 달빛'이 나를 가만두지 않는다

- 저 銀장 위에
떨어진단들
달이야 설마
깨어질라고

내가 부르지 않아도
바로 뛰어나오는
촉기, 촉기 있는
시구를
따돌릴 길이 없다

- 떨어져 보라
저 달 어서 떨어져라
그 혼란스럼
아름다운 천동지동

이제까지

단 한 번도
떨어진 적이 없기에
떨어지지 않을 줄 알고
떨어져 보라 하는가

강진만 밤하늘을 접수한 달을 보면
영랑의 시,
'황홀한 달빛'이 나를 가만두지 않는다

두물머리와 구강포 그리고 다산

다산과 의기투합한 두물머리는
지나간 미래도
다가온 과거도 뚜렷한데
다산과 의기투합한 구강포는
지나간 미래도
다가온 과거도
희미해야

다산과 의기투합한 구강포의
다가온 과거는
희미한 게 아니라
아예 지워져 버리다니

다산에겐
두물머리만 임자가 아니라
구강포도 임자인데
구강포의
다가온 과거를 알 수 없으니

두물머리가
머리를 굴려

구강포를
다산에게서 떼어놓은 걸

매몰찬
두물머리
순진한
구강포

두물머리가
구강포를 내쳐도
다산이 그냥 넘어가다니

우유부단한
다산

다산과 의기투합한 구강포의
다가온 과거가
자취를 감추다니,
아예

가우도 낚시공원에서

이따금 햇빛과 물결이 의기투합하여
보석이 태어나기도 하는
가우도 낚시공원에서
고기를 낚는 재미에
먼 걸음을 한 길들이 빠져 있다

먼 걸음을 한 길들이
고기를 낚는 재미에 빠져 있는데
먼 걸음을 한 길들 중에
어떤 길은
고기 대신에 시를 낚으려고
잔머리를 굴리고 있다

머릿속에서
언어의 찌가 쑥 들어가면
언어의 낚싯대를 들어올려
시를 낚아채는데
그게 어디 쉬운 일인가

먼 걸음을 한 다른 길들처럼
가우도 낚시공원에서는

고기를 낚는 재미에 빠져야지
무슨 놈의 시를 낚겠다고
잔머리를 굴린단 말인가

먼 걸음을 한 길들이
고기를 낚는 재미에 빠져 있는데
먼 걸음을 한 길들 중에
어떤 길은
언어의 낚싯대로 시를 낚는데
시를 몇 마리나 낚았는지 모르겠다

이따금 햇빛과 물결이 의기투합하여
보석이 태어나기도 하는
가우도 낚시공원에서
고기를 낚는 재미에
먼 걸음을 한 길들이 빠져 헤어나지 못하고 있다

4부

윤슬
 - 겨울 강진만에서

청둥오리가 자맥질하다가 지나간 자리에
반짝반짝 빛나는
보석이 태어나네

한 마리만 그런 게 아니고
몇 마리만 그런 게 아니고
여러 마리만 그런 게 아니고
다 그러네

햇빛과 물결이 눈이 맞아
보석이 태어나는 줄 아는데
오늘은
청둥오리 똥구멍에서 보석이 태어나네

청둥오리가 자맥질하다가 지나간 자리만
보석이 태어나고
청둥오리가 지나가지 않은 자리는
보석이 태어나지 않네

청둥오리 똥구멍은
보석을 낳는
신기한 기계네

윤슬

일단
햇빛과 물결이 만나
의기투합해야
보석이 태어나지

만나지 않고는
죽어도
보석이 태어나지 않지

일단
달빛과 물결이 만나
의기투합해야
보석이 태어나지

만나지 않고는
죽어도
보석이 태어나지 않지

윤슬

대낮에 만나
재미를 보는
햇빛과 물결이
나의 부러움을 사고 있다

나는
언제나
뭘로
남의 부러움을 사볼까

한밤중에 만나
재미를 보는
달빛과 물결이
나의 부러움을 사고 있다

나는
언제나
뭘로
남의 부러움을 사볼까

윤슬

대낮에
햇빛과 물결이 만나
재미를 보는 걸 보고
누구도 뻔뻔하단 말을 뱉은 적이
없다

닭살 돋는다는 말할 것도
없고

한밤중에
달빛과 물결이 만나
재미를 보는 걸 보고
누구도 응큼하단 말을 뱉은 적이
없다

닭살 돋는다는 말할 것도
없고

윤슬

햇빛과 물결이 의기투합하여
보석이 태어날 때
뭐라 속삭이나
궁금해 하는 나는 못 말려다

뭐라 속삭이는지
궁금하여
가까이 다가가면
뒷걸음치거나
아예 사라져 버린다

달빛과 물결이 의기투합하여
보석이 태어날 때
뭐라 속삭이나
궁금해 하는 나는 못 말려다

뭐라 속삭이는지
궁금하여
가까이 다가가면
뒷걸음치거나
아예 사라져 버린다

윤슬

죽섬,
가우도,
비래도,
까막섬

그리운 것은 다 강진만에 있는
나에게
강진만에 쏟아지는 햇빛과 물결이
의기투합하여 태어난
보석이
남다를 수밖에

죽섬,
가우도,
비래도,
까막섬

그리운 것은 다 강진만에 있는
나에게
강진만에 쏟아지는 달빛과 물결이
의기투합하여 태어난

보석이
남다를 수밖에

윤슬

뻐꾹 뻐꾹 뻐꾹 뻐꾹 뻐꾹 뻐꾹

햇빛과 물결이
의기투합하여 태어난
보석들을 지켜보는 데
배경음악이 되어 주다니

배경음악 없이
보석들을
그냥 지켜볼 때보다
훨씬 맛이 있는 걸

소쩍 소쩍 소쩍 소쩍 소쩍 소쩍

달빛과 물결이
의기투합하여 태어난
보석들을 지켜보는 데
배경음악이 되어 주다니

배경음악 없이
보석들을

그냥 지켜볼 때보다
훨씬 맛이 있는 걸

윤슬

햇빛과 물결이 만날 때에
먼 걸음을 하는 이는
햇빛이고
맞이하는 이는 물결이다

햇빛과 물결이 헤어질 때에
뒷걸음치는 이는
햇빛이고
배웅하는 이는 물결이다

달빛과 물결이 만날 때에
먼 걸음을 하는 이는
달빛이고
맞이하는 이는 물결이다

달빛과 물결이 헤어질 때에
뒷걸음치는 이는
달빛이고
배웅하는 이는 물결이다

윤슬

먼 걸음을 한 햇빛이
물결을 만나
맨 먼저
뭐라 속삭이는지

햇빛을 맞이한
물결이
또 뭐라 응답하는지

궁금하지 않다면
거짓말이다

먼 걸음을 한 달빛이
물결을 만나
맨 먼저
뭐라 속삭이는지

달빛을 맞이한
물결이
또 뭐라 응답하는지

궁금하지 않다면
거짓말이다

윤슬

물결과 의기투합한
햇빛이
물결과 헤어질 때
뭐라 당부하는지

햇빛을 배웅하는
물결이
햇빛을
뭔 말로 안심시키는지

궁금하지 않다면
거짓말이다

물결과 의기투합한
달빛이
물결과 헤어질 때
뭐라 당부하는지

달빛을 배웅하는
물결이
달빛을

뭔 말로 안심시키는지

궁금하지 않다면
거짓말이다

윤슬

뙤약볕에 내가
강진만을 쏘다니는 이유를 알면
다들 나를 따라할 것이니
절대 내색하지 말아야 한다

햇빛과 물결이 의기투합하여
태어난 보석을
혼자 지켜보는 재미가
쏠쏠하다

햇빛과 물결이 의기투합하여
태어난 보석을
혼자 눈에 담는 재미 또한
쏠쏠하다

보석을 지켜보는
보석을 때론 눈에 담는 나를
햇빛과 물결이
안중에 둔 적이 없다

햇빛과 물결이 서로

콩깎지 씌워
상대 외는
눈에 보이는 게 없다

뙤약볕에 내가
강진만을 쏘다니는 이유를 알면
다들 나를 따라할 것이니
절대 내색하지 말아야 한다

윤슬

햇빛이
강물에 투신하는 걸 보고도
누구도 말리지 않는다

햇빛이
물결과 의기투합하여
보석을 낳는다는 걸 알고
말리지 않나

달빛이
강물에 투신하는 걸 보고도
누구도 말리지 않는다

달빛이
물결과 의기투합하여
보석을 낳는다는 걸 알고
말리지 않나

윤슬

다들
두 집 내고 살려고 바동거리는데

신기루나 다름없는,
햇빛과 물결이 의기투합하여 태어난
보석을
눈독들이는 나는

철이 없는 게
분명하다

다들
피로에 지쳐 곯아떨어졌는데

신기루나 다름없는,
달빛과 물결이 의기투합하여 태어난
보석을
눈독들이는 나는

철이 없는 게
분명하다

윤슬

햇빛이
강물에 투신해도
누구도 말리지 않는 것은
누구도 말릴 수 없기 때문인가

말려 보고
말릴 수 없다 하는가
말려 보지도 않고
말릴 수 없다 하는가

햇빛이
강물에 투신하면
보석이 태어나는데
뭘라고 말리겠는가

달빛이
강물에 투신해도
누구도 말리지 않는 것은
누구도 말릴 수 없기 때문인가

말려 보고

말릴 수 없다 하는가
말려 보지도 않고
말릴 수 없다 하는가

달빛이
강물에 투신하면
보석이 태어나는데
뭘라고 말리겠는가

윤슬

햇빛과 물결이 의기투합하여 태어난
보석들이
나에게 눈빛을 보낸다

눈에만 담지 말고
와서
퍼가라고

당장
보석밭에 다다를
배가 없어 유감인 걸

좀 더
가까이서 지켜보려고만 해도
뒤로 물러서거나
아예 달아나는 보석들

햇빛과 물결이 의기투합하여 태어난
보석들은
눈빛과 행동이 다르다

5부

서시
- 다산팔경

눈을 씻고 보아도
다산의 지나간 미래인
다산팔경을 찾아보기가 힘들다

다산팔경의 체취라도 맡을 생각으로
코를 킁킁거리는 나를 보고
내 안의 누군가가 체신머리없다 한다

늦었지만
다산팔경을
글로라도 낳아야지

글로 남겨
나 아닌
먼 걸음을 한 길들이
다산팔경의 체취를 맡을 수 있도록
기여해야겠다

불장소도拂墻小桃

어서 빨리 커
꽃 진 자리에
열매가 얼굴 내밀었으면 좋겠다

내가 바라지 않아도
머지않아
담장보다 키가 커
꽃 진 자리에 열매가 얼굴 내밀 것이다

마음으론 이미
꽃 진 자리에
열매가 얼굴 내민 것을

열매를 줘도 못 먹는 건
나의 운명이나
한 그루 키 작은 복숭아나무에서
무릉도원을 엿본다

* 불장소도拂墻小桃: 담을 스치고 있는 작은 복숭아 나무

박렴비서撲簾飛絮

보이지 않아서가 아니라
아는 척하는 것이다

시비 거는 게 아니라
친해지고 싶은 것이다

버들가지,
버들가지도 지루한 걸
견디지 못하는 것이다

버들가지와 발이
사귀지 말란 법은 어디에도 없다

* 박렴비서撲簾飛絮: 발에 부딪치는 버들가지

난일문치 暖日聞雉

꿩~ 꿩~ 꿩~ 꿩~ 꿩~ 꿩~

맨날 자기 이름을 부르는 건
설마 자기 이름을 잊어 버릴까
기억하기 위해서는 아니겠지

꿩~ 꿩~ 꿩~ 꿩~ 꿩~ 꿩~

자기 이름을 세상에 알려
유명세를 타겠다는 건
더더욱 아니겠지

꿩~ 꿩~ 꿩~ 꿩~ 꿩~ 꿩~

장끼가 까투리를 부르는 소리를
내가 오독하고 있는지도 모르겠다

꿩~ 꿩~ 꿩~ 꿩~ 꿩~ 꿩~

꿩이
자기 이름을 부를 리 만무하다,

무담시

* 난일문치暖日聞雉: 따뜻한 날 들려오는 꿩 울음소리

세우사어 細雨飼魚

하필이면
비 오는 날
물고기에게 먹이를 주냐 하겠지,
누가 보면

물고기들이
숨이 가빠 뛰어오르는 걸 보면
생각이 달라질 것이다

비도
그냥 비 아닌
가랑비, 가랑비인 걸……

비 오는 날
물고기에게 먹이를 주는 재미를
나 혼자 만끽해야지

* 세우사어 細雨飼魚: 가랑비 내리는 날 물고기 먹이주기

풍전금석楓纏錦石

비단 바위가
푸른 옷을 걸쳤다가

뉘나면

비단 바위가
붉은 옷을 걸쳤다가

뉘나면

비단 바위가
아무것도 걸치지 않는 걸

* 풍전금석楓纏錦石: 비단바위에 얽혀 있는 단풍나무

국조방지菊照芳池

연못을 거울 삼는 국화에게
거울을 가져다 주면
무슨 일이 벌어질까

연못을 멀리하고
거울만 가까이하다가
연못에게 등을 돌릴까

연못을 멀리하게 한
거울이 사악하다며
다시는 거울을 상대하지 않겠다고
거울을 깨버릴까

* 국조방지菊照芳池: 연못에 비친 국화

일오죽취一塢竹翠

누구는
나무도 풀도 아니라 하지만
나는
나무이자 풀인 걸

다들
언덕에 서 있으니
큰 키가 더 커 보이는 걸

다른 건 몰라도
키 작은 나의 부러움을 살 수밖에

* 일오죽취一塢竹翠: 언덕 위 푸르른 대나무

만학송도萬壑松濤

깊은 골짜기에 갇혀 있다 하여
기죽을 것 같아도
그렇지 않다

다들
어깨를 들썩이는 것 봐

갯벌의
갈대들만 일사분란한 게 아니라
소나무들도 일사분란한 걸

일사분란, 일사분란하지 하지 않으면
살아남지 못한다는 걸
소나무들이 깨우친 것이다

깊은 골짜기에 갇혀 있다 하여
힘을 못 쓸 것 같아도
그렇지 않다

* 만학송도萬壑松濤: 깊은 골짜기의 소나무 물결

6부

서시

옥판봉玉板峰이 옥판상기玉版爽氣로
산다경山茶經이 유차성음油茶成陰으로
백매오百梅塢가 백매암향百梅暗香으로
홍옥폭紅玉瀑이 풍리홍폭楓裏紅瀑으로
유상곡수流觴曲水가 곡수유상曲水流觴으로
창하벽蒼霞壁이 창벽염주蒼壁染朱로
정유강貞蕤岡이 유강홍린蕤岡紅麟으로
모란체牧丹砌가 화계모란花階牡丹으로
취미선방翠微禪房이 십홀선방十笏禪房으로
풍단楓壇이 홍라보장紅羅步障으로
정선대停仙臺가 선대봉출仙臺峯出로
운당원篔簹園이 운당천운篔簹穿雲으로
다시 태어나리라 생각도 못 했다

못 말리는
백운동 12경

그 놈의
결벽증이
편집증이
결벽증이자 편집증이

나를 가만두지 않는다

못 말리는
나

* 백운동 12경
옥판봉玉板峰, 산다경山茶經, 백매오百梅塢, 취미선방翠微禪房, 모란체牧丹砌,
창하벽蒼霞壁, 정유강貞蕤岡, 풍단楓壇, 정선대停仙臺, 홍옥폭紅玉瀑, 유상곡수流觴曲水, 운당원篔簹園

옥판상기 玉版爽氣

내 몸이 성하지 못하여
눈빛으로만 만나고
몸으로 만나지 않았다 하여
옥판봉의 기氣가
내 몸에까지 퍼지지 않았다 할 수 없다

옥판봉의 기가
내 몸에 퍼져
나로 하여금
백운동원림에 대한 시를 무더기로 낳게 하였다

내 몸이 성하지 못한 것을
옥판봉이 다 알기에
내가 직접 찾아뵙지 않아도
나에게 자신의 기를 쏟아부어 준 것이다

옥판봉이 자신의 기를
나에게 쏟아부은 것을
백운동원림에 대한 시를 무더기로 낳고서야
알았다

못 말리는 내가 아니라
못 말리는 옥판봉이다

내 몸이 성하지 못하여
눈빛으로만 만나고
몸으로 만나지 않았다 하여
옥판봉의 기氣가
내 몸에까지 퍼지지 않았다 할 수 없다

유차성음 油茶成陰

주야로
햇빛과 달빛이
침투할 자리를 내어주지 않기 위하여
동백나무들이 단합하였다

그늘,
그늘이
그냥 태어난 게 아니다

동백나무 이파리들이
해와 달 별빛을 챙겨도
전혀 티가 나지 않는다

동백나무 이파리들은
시치미의 달인임에 틀림없다

동백꽃 송이송이가
태어나는 데
해와 달 별빛을 챙기고도
전혀 티를 내지 않는
동백나무 이파리들이 기여한 것이다

동백꽃,
동백꽃 송이송이도
그냥 태어난 게 아니다

주야로
햇빛과 달빛이
침투할 자리를 내어주지 않기 위하여
동백나무들이 단합하였다

백매암향百梅暗香

흰 백이 아닌
일백 백인 걸 뒤늦게 알았다

일매암향도
감당하기 어려운데
백매암향을
어떻게 다 감당하였는지 궁금하다

백매암향, 백매암향에도
코피가 터지지 않는
먼 걸음을 한 길들이 있다면
그건 길도 아닐 것이다

백매암향은
뻥일 수도 있고
뻥이 아닐 수도 있으나
백매암향 말만 들어도
나는 코피가 터질 것 같다

흰 백이 아닌
일백 백인 걸 뒤늦게 알았다

풍리홍폭楓裏紅瀑

연이어 뛰어내리는
성질 급한 물살이
알고 보니
거울이다

물살 속에
자리 잡은 붉은 빛이
떠내려가지 않는 이유가
거울이어서다

따라가고 싶어도
따라가지 않은 게 아니라
따라가고 싶어도
따라갈 수 없는 것이다

해와 달 별빛을 챙기고
챙긴 게
마침내 들통난
단풍잎들

연이어 뛰어내리는

성질 급한 물살이
알고 보지 않아도
거울이다

곡수유상曲水流觴

수소실 앞에서
연못에 잔을 띄우고
시를 읊는다는 게
모순된 행동이라 하지 않을 수 없다

날마다 그러는 것도 아니고
어쩌다 한 번 하는 일이니
그때 그 시절에
그 정도는 다 눈감아 주었나 보다

시는 나와 한편인데
아시안 플러시인
나에게 술은 상극이어
나를 초대하여도 응하지 못할 수 있다

내가 응하지 못하는 사연을 모르고
나보다 거만하다고 할 수 있으니
거만하단 말 듣지 않도록
처신을 잘해야 한다

수소실 앞에서

연못에 잔을 띄우고
시를 읊는다는 게
모순된 행동이라 하지 않을 수 없다

창벽염주 蒼壁染朱

사람의 손이
붉은 글씨를 낳는 데
푸른 바위가 기여한 걸

그 붉은 글씨가
사람의 손을 타지 않아도
사람처럼 나이가 들어
사라져 버리다니

푸른 바위가
해와 달 별빛을 맞이하고
떠나보낸 세월이
그 붉은 글씨를 가만두지 않은 걸

푸른 바위에 새긴 글씨도
세월의 더께에 눌려
힘을, 힘을 못 쓰는데
푸른 바위에 갈겨 쓴 글씨가
살아남는다면 오히려 이상하지

사람의 손이

붉은 글씨를 낳는 데
푸른 바위가 기여한 게 사실이어도
흔적을 찾아보기가 쉽지 않네

유강홍린 蕤岡紅麟

정선대와 가까이 지낸
그 잘빠진 소나무들이
여의주를 물고 하늘로 날아갔는지
보이지 않는다

붙들고 있던 대지를
소나무들이 뿌리치고 하늘로 날아갔다면
뿌리친 흔적이 보여야 하는데
흔적을 찾을 수 없다

소나무들을
붙들고 있던 대지가
이제 더 이상 붙들어서는 안 된다는 생각에
그냥 곱게 보내줬을 수도 있다

소나무의 이웃사촌인 정선대에게
내가 눈빛으로
소나무들의 안부를 물어도
정선대가 대답할 생각을 않는다

정선대와 가까이 지낸

그 잘빠진 소나무들이
여의주를 물고 하늘로 날아갔는지
보이지 않는다

화계모란花階牡丹

모란 빼면 시체인 게 영랑생가뿐이 아니고
모란 빼면 시체인 게 십홀선방十笏禪房이다

봄날 모란이 얼굴 내밀기를 코빠지게
기다리는 이가
바로 십홀선방十笏禪房이다

모란牡丹을
모란母蘭으로 개명하자는 의견을 낸 적이 있는데
나 말고 또 누가
모란牡丹을
모란母蘭으로 개명하자는 의견을 낸 적이 있을까

모란牡丹을
모란母蘭으로 개명하면 어떠냐고
내가 제안을 한 지가 언젠데
누구도 나의 생각에 어떤 의견을 내놓지 않는다

내 말이 말같지 않아서
의견을 내놓지 않은지
나를 우습게 봐서

의견을 내놓지 않은지
귀찮아서
의견을 내놓지 않은지
알 수가 없다

모란 빼면 시체인 게 영랑생가뿐이 아니고
모란 빼면 시체인 게 십홀선방十笏禪房이다

십홀선방十笏禪房

산방山房 아닌
선방禪房인
십홀선방十笏禪房이
이름값하기가 쉽지 않을 것이다

경향각지
먼 걸음을 한 길들을 일일이 맞이하여
대접해 보내는 일이 쉬운 일이 아니기에
먼 걸음을 한 길들을 맞이하고 대접해 보내는 일은
수소실에 맡기고
자신은 아예 문을 닫아걸고 정진하는 날이 많다

수소실이 불만을 토하지 않고
먼 걸음을 한 길들을 맞이하여
대접해 보내는 걸 보면
십홀선방十笏禪房이 수소실의 노고에 대하여
내가 모르는 보상을 해 주는지도 모른다

신독愼獨과 화이부동和而不同 둘만 지켜도
성공한 생이건만
禪까지 챙긴

십홀선방十笏禪房이 어느 경지에 이르렀는지
궁금하다

산방山房 아닌
선방禪房인
십홀선방十笏禪房이
이름값하기가 쉽지 않을 것이다

홍라보장紅羅步障

열끗은 열끗인데
사슴이 없는
열끗이다

사슴이 함께하면
이보다 좋을 수가 없는데
사슴을 어데서 데려오나

사슴을 어데서 데려올 수도 없고
사슴이 오기를 기다릴 수도 없으니
차라리 내가 사슴이 되어
함께하는 게 낫겠다

내가 사슴이 못 되면
백운동원림을 찾은
먼 걸음을 한 길들이
사슴이 되면 된다

때론 사슴이
한 마리 아닌
여러 마리일 수도 있다

대타,
대타 없는 세상은
어디에도 없다

내가 함께하지 않으면
열끗은 열끗인데
사슴이 없는
열끗이다

선대봉출仙臺峯出

잠시라도
정자에 머무르면
정자에 머무르는 동안
누구라도 신선이 될 수 있다

정자에 머무르는 동안
누구라도 신선이 될 수 있는 이유를
아는 이는
나 외에 또 누구인가

정자에 머무르는 동안
누구라도 신선이 될 수 있는 이유를
나에게
대 봐라

누구도 나에게
정자에 머무르는 동안
누구라도 신선이 될 수 있는 이유를
대지 못하는 걸

정자에 머무르는 동안

정자를 구름 삼은 하늘에서
세상을 내려다보는
재미를 만끽하는 내가
신선이 아니고 무엇인가

잠시라도
정자에 머무르면
정자에 머무르는 동안
누구라도 신선이 될 수 있다

운당천운 篔簹穿雲

그냥 대나무 아닌
왕대나무의 사열을 받으면
기분이 찢어질 것이다

누구든, 누구든 와서
왕대나무에게
사열을 받아 봐라   .

나는
왕대나무의 사열을 받으며
모세의 지팡이에 의해
둘로 갈라진
홍해 바다를 꿈꾸기도 한다

내가 손에 지팡이를 들고
사열을 받으면
나는 유태민족을 이끌고
홍해 바다를 건너는
모세인 것이다

모세뿐인가,

마음은
왕대나무 중의 하나로 피리를 만들어
왜적을 물리치는
만파식적을 꿈꾸기도 하는 걸

그냥 대나무 아닌
왕대나무의 사열을 받으면
기분이 찢어질 것이다,
그야말로

물과별 시선 28

여름 강진만 갈대밭에서

1판 1쇄 인쇄일 | 2025년 8월 1일
1판 1쇄 발행일 | 2025년 8월 5일

지은이　　김재석
펴낸이　　신정희
펴낸곳　　사의재
출판등록　2015년 11월 9일　제2015-000011호
주소　　　목포시 보리마당로 22번길 6
전화　　　010-2108-6562
이메일　　dambak7@hanmail.net
ⓒ 김재석, 2025

ISBN 979-11-6716-117-8 03810

지은이와 출판사의 동의 없이 이 책의 내용 중 전체 또는 일부를 인용하거나 발췌하는 것을 금합니다.

값 13,000원